Selbständigkeit - Die Anfänge

Von Stephan Baukrowitz

Buchbeschreibung:

Es ist ein schwieriger und langer Weg in die erfolgreiche Selbstständigkeit. In diesem Buch geht es im Wesentlichen um den Verkauf von selbstprogrammierter Software aber auch für andere Bereiche gelten einige Dinge aus diesem Buch.

Das Buch erklärt nicht wie man Erfolgreich wird sondern welche Hindernisse auf einen zukommen und einige Empfehlungen diese zu Meistern.

Über den Autor:

Stephan Baukrowitz, Baujahr 1972, Geboren in Wiesbaden (Deutschland), Wohnhaft überwiegend im schönen Rheingau. Frührentner und Selbstständiger Programmierer. Ausbildung als Zerspanungsmachaniker Fachrichtung Drehtechnik und eine Umschulung als Kommunikationselektroniker Fachrichtung Informationstechnik. Beim Musikmachen hat er sich als Untalentiert herausgestellt und nun versucht er sich neben dem Programmieren im Bücherschreiben.

Selbständigkeit - Die Anfänge

Softwareverkauf im Einzelgewerbe

Von Stephan Baukrowitz

Adolf-Kolping-Str. 9
65385 Rüdesheim am Rhein

Stephan Baukrowitz
Telefon: 0160 - 239 85 28
Stephan@Baukrowitz.de
www.Baukrowitz.de

1. Auflage, 2020

Adolf-Kolping-Str. 9

65385 Rüdesheim am Rhein

Stephan@Baukrowitz.de

www.Baukrowitz.de

Inhaltsverzeichnis

1. Einleitung

Dieses Buch hat es sich zum Ziel gemacht, kurz und informativ zu sein.
Ich erwähne einige Programme und Webseiten, die Links kommen zum Ende des Buches zusammengefasst.

Man hört oft „Die ersten Jahre sollte man Verlust machen“. Das ist in meinen Augen völliger Quatsch. Es werden schon vor Gewerbebeginn Ausgaben generiert, diese müssen gedeckt werden, außerdem muss man ja auch von etwas Leben bzw. will man etwas hinzuverdienen. Die Vorsteuer und Ausgaben vor Gewerbebeginn, welche mit dem Gewerbe zusammenhängen könnt Ihr übrigens beim Finanzamt geltend machen.

Macht man die Vorsteuer aus der Zeit vor dem Gewerbebeginn geltend, ist einiges zu beachten. Man bekommt vom Finanzamt mitgeteilt, in welchen Abständen man die Vorsteuer melden muss, und zwar Gewinn und Verlust. Mein Gewerbe fing am 01.04.2020 an und ich muss zum jeweils 10. des Folgemonats meine Vorsteuer abgegeben haben.

Ich machte den Fehler die Vorsteuer vom ersten Quartal, komplett abzugeben. Nach einem Monat bekam ich einen Brief, dass dies abgelehnt wurde.

Durch einen Anruf beim Finanzamt erfuhr ich, das die Vorsteuer nur dann geltend gemacht werden kann, wenn der Zeitraum richtig ist. Das bedeutet, ich musste nachträglich für Januar, Februar und März jeweils einen Antrag machen.

Ich schrieb, dass es Quatsch ist, dass man anfangs, keinen Gewinn machen sollte. Mein Cover dürfte aber genau dies Suggerieren. Das Cover ist vielmehr symbolisch zu verstehen, das man eine ganze Weile keine oder nur wenige Einnahmen machen wird. Auch später wird man nicht unbedingt Reich mit Softwareverkauf.

Wie schon in der Buchbeschreibung möchte ich in diesem Buch andere von meinen Erfahrungen profitieren lassen aber nicht schreiben, wie man erfolgreich wird. Dies aus zwei Gründen, es gibt schon genug Bücher darüber und ich kann es nicht, weil ich selbst noch am Anfang stehe.

Ein Gewerbe sollte schon ca. ein Monat vor dem eigentlichen Beginn angemeldet sein, samt Umsatzsteuer-Identifikationsnummer. Da noch viel Papierkram vor einem liegt, z.B. die unterschiedlichen Bezahlmöglichkeiten im Online-Shop oder die lange Anmeldeprozedur bei Amazon. Ärgert Euch aber nicht über die lange Anmeldeprozedur bei Amazon, betrachtet es vielmehr als eine natürliche Selektion.

2. Vorbereitungen

2.1 Elster

Ziemlich früh sollte Elster beantragt werden. Es dauert von der Registrierung an ca. zwei Wochen, bis man Elster nutzen kann.

Macht man seine Vorsteuererklärung mit Elster, sollte man darauf achten das nachdem Formular erstellen, dieses noch geprüft und abgesendet werden muss. Den Fehler macht ich, nach knapp über zwei Wochen in denen meine Vorsteuer nicht zurückgezahlt wurde und ich auch keinen Brief vom Finanzamt erhalten habe, schaute ich nochmal in Elster rein, um zu schauen, ob ich einen Fehler gemacht habe. Siehe da, ich habe die Formulare gespeichert, und zwar nur als Entwurf. Das Prüfen und senden oben Links, auf der Webseite habe ich übersehen.

Einfacher als das umfangreiche Formular auf Elster wo man auch noch alles selbst berechnen muss, zu nutzen, ist das Verwenden von Lexware Lexoffice. Es kostet zwar etwas, doch macht es einem Selbstständigen das Leben um einiges leichter, schon der Buchführung wegen und dem leichten zuweisen von Einnahmen und Ausgaben.

Den Weg in die Selbstständigkeit mit Elster kann ich nicht beschreiben, da ich Elster zu dem Zeitpunkt wegen später Registrierung noch nicht nutzen konnte.

2.2 Gewerbeanmeldung

Die Gewerbeanmeldung nimmt man je nach Wohngebiet beim zuständigen Gewerbeamt oder Bürgerbüro wahr. Es ist darauf zu achten, das die Gewerbeanmeldung einiges an Geld kostet, welches gleich bezahlt werden muss, was oft auch mit Karte machbar ist. Auch ist es ein längerer Weg von der Gewerbeanmeldung bis zum Gewerbe. In unserem Bürgerbüro werden die Gewerbeanmeldungen gesammelt und erst im Folgemonat an das Finanzamt verschickt, unser Finanzamt schickt es wiederum zu einem übergeordnetem Finanzamt zu. Es wird dringend empfohlen sich eine Empfangsbescheinigung aushändigen zu lassen, auch wenn diese nicht gerade günstig ist für einen zweiseitigen Ausdruck.

Für die Entgegennahme einer Gewerbeanzeige nimmt unser Bürgerbüro 28 Euro, egal, für welche Gewerbeform man sich entscheidet. Eine Empfangsbescheinigung kostet 8 Euro. Es kann aber weitaus Teurer werden.

Um die Gewerbeanmeldung zu beschleunigen, schickte ich die Empfangsbescheinigung per E-Mail zum zuständigen Finanzamt, so dauerte es statt 6-8 Wochen nur wenige Tage, bis ich eine Steuernummer erhielt.

Bei meiner Gewerbeanmeldung habe ich weitaus mehr Tätigkeitsfelder angegeben, als benötigt um sicherzugehen, das ich da nichts mehr hinzufügen muss. Irrtum, ich werde demnächst eine Gewerbeummeldung machen müssen, welche mich wieder 28,- Euro + 8,- Euro kosten wird, weil doch noch einige Tätigkeitsfelder hinzukamen.

Ich empfehle Euch als Softwareentwickler, Folgendes in den Gewerbeschein aufzunehmen, auch wenn es anfangs undenkbar klingt:

- Verkauf von Software
- Online Shop
- Programmierung
- Dienstleistung
- Support für eigene Software und IT allgemein
- Bücher schreiben
- Bücher verkaufen
- Hörbücher aufnehmen
- Hörbücher verkaufen
- Verkauf von Lizenzen
- Geldtransfer und Aufbewahrung durch Webseiten

2.3 Steuernummer

Es wird eine eigene Steuernummer für das Gewerbe benötigt, die durch die Arbeit als Angestellter oder Arbeitnehmer zählt nicht.

2.4 USt-IdNr

Meine Empfehlung ist auf die Kleingewerbereglung zu verzichten, wenn man Lexware Lexoffice nutzt, ist das auch kein Hexenwerk. Es sei denn man hat mit der Kleingewerbereglung klare Vorteile.

Man kann hierdurch die Vorsteuer vom Finanzamt zurückbezahlt bekommen und hinterlässt bei Kunden, besonders bei Firmenkunden einen besseren Eindruck. Das Wichtigste ist aber das einem das Leben mit einer USt-IdNr. Das Leben einfacher gemacht wird, beispielsweise bei dem Verkauf über Amazon.

Die Umsatzsteuer-Identifikationsnummer bekommt man nach der Gewerbeanmeldung zwar automatisch, doch das dauert mehrere Monate. Auch dies kann man massiv beschleunigen, so das es nur wenige Tage dauert.

Vom Finanzamt bekommt man nach der erfolgreichen Gewerbeanmeldung ein Schreiben mit folgendem Titel:

„Genehmigung zur Besteuerung der Umsätze nach vereinnahmten Entgelten."

Zu dem Bundeszentralamt für Steuern wird dieses Schreiben, samt weiteren Angaben gefaxt. Es kann aber auch online eingereicht werden, der Link dazu ist allerdings etwas aufwändig und nur geeignet falls ich dieses Buch als E-Book herausbringen sollte.

Der Antrag per Fax benötigt folgende Angaben:

- Name und Anschrift der Antragstellerin oder des Antragstellers
- Finanzamt, bei dem das Unternehmen geführt wird
- Steuernummer, unter der das Unternehmen geführt wird

Und zwar an folgende Adresse:

Bundeszentralamt für Steuern
Dienstsitz Saarlouis
66738 Saarlouis
Telefax: +49228-406-3801

Der online Antrag benötigt folgende Angaben:

- Finanzamt, das für die Besteuerung des Unternehmens zuständig ist
- Steuernummer, unter der das Unternehmen geführt wird (bei Organgesellschaften die Körperschaftsteuernummer)
- Rechtsform des Unternehmens

- Bei Einzelunternehmen sind Name, Vorname und Geburtsdatum der steuerpflichtigen Unternehmensinhaberin oder des steuerpflichtigen Unternehmensinhabers anzugeben
- Bei allen anderen Rechtsformen sind der Name des Unternehmens, die Postleitzahl und der Ort (Unternehmenssitz) anzugeben

2.5 Handelsregistereintrag

Braucht man in der Regel nicht und kann auf Webseiten, in den entsprechenden Formularfeldern „KEINE“ eintragen.

2.6 22f

Das 22f Formular ist für viele unternehmerische Tätigkeiten notwendig, beispielsweise für Amazon, eBay und Affiliate Programme.

Damit das 22f Formular beantragt werden kann, benötigt man eine Umsatzsteuer-Identifikationsnummer.

Dieses Formular muss an das zuständige Finanzamt gesendet werden und es kann mal wieder einiges an Zeit vergehen bis zu dessen Bearbeitung.

Man erhält ein Schreiben mit folgendem Titel:

„Bescheinigung über die Erfassung als Steuerpflichtiger (Unternehmer) im Sinne von § 22f Abs. 1 Satz 2 UStG“

Damit hat man einen Nachweis, dass die Umsatzsteuer abgeführt wird.

Bei Amazon muss man den Nachweis erbringen, bevor man verkaufen kann, daher keine Zeit verschwenden und sobald wie möglich beantragen. Bei eBay kann man sich zwar Zeit lassen aber besser auch gleich hochladen, hier ist es allerdings Gut versteckt, so das man Google mit „eBay 22f“ bemühen sollte.

2.7 Weitere Unterlagen

Wichtig ist eine beidseitige Kopie des Personalausweises, diese wird öfters benötigt.

Weiterhin wird ein Kontoauszug benötigt. Diesen erstellt man aber besser immer aktuell bei Bedarf und druckt sich diesen als PDF-Datei aus. Dies geht kostenlos mit FreePDF.

2.8 Online Shop

Wer etwas verkaufen möchte, kann dies beispielsweise nur bei fertigen Handelsplattformen tun oder aber besser einen eigenen Online-Shop einrichten. Ein guter Online-Shop kostet aber nicht wenig, ist aber eine Zentrale Anlaufstelle, bei welcher man vieles Anbieten kann. Es macht auch einen professionelleren Eindruck, wenn man einen eigenen Online-Shop mit einer Guten Domain besitzt.

Findet man keine gute und passende Domain, kann man auch eine bereits vergebene erwerben. Eine gute Anlaufstelle dafür ist Sedo.

2.9 Amazon

Was nicht bei Amazon ist, existiert nicht. Dies hört man oft. Man verkauft zwar viele Dinge besser über seinen eigenen Online-Shop, doch bei Amazon sollte man gelistet sein. Amazon legt wert auf hochwertige Produkte, also dort bitte keinen Schrott verkaufen.

Amazon hat viele für einen Entwickler wichtige Webseiten:

- Amazon
- Amazon Business
- Amazon Seller Central
- Kindle Direct Publishing
- Amazon Author Central
- Amazon Partner Net
- Amazon Pay

Und viele mehr.

2.10 EBay

EBay darf nicht fehlen, wenn man sich breit Aufstellen möchte. Leider wird hier aber oftmals veraltetes und unbrauchbares Angeboten. Man macht sich nicht unbedingt einen guten Namen, wenn man dort vertreten ist, aber wir müssen jede nützliche Verkaufsplattform ausschöpfen. Es gibt dort ja nicht nur Schrott.

Eine gut Versteckte aber wichtige Rubrik für Softwareentwickler ist:

EBay → Business & Industrie → sonstige Branchen & Produkte → Geschäftsverkäufe & Domains → Webseiten & -Projekte

Und

EBay → Business & Industrie → sonstige Branchen & Produkte → Geschäftsverkäufe & Domains → Webseiten & -Projekte → PHP Script

Wichtig: Bei PHP Scripten bzw. Webprogrammen welche in PHP programmiert wurden, „PHP Script" in den Titel schreiben. Dadurch gelangt man automatisch in die Suchkategorie PHP Script.

Möchte man über eBay, Downloads anbieten. So empfehle ich, dies über Billbee zu machen. Dazu wird auch ein Cloud Account benötigt, beispielsweise Dropbox, welches bis zu einem Gewissen Grad kostenlos ist. So kann der Download automatisiert werden, es ist allerdings etwas schwieriger einzurichten aber für einen Entwickler sollte das kein Problem darstellen.

2.11 GLN / EAN

Die globale Lokationsnummer (GLN), sowie die EAN Codes bekommt man von GS1 bereitgestellt, bzw. man muss diese dort kaufen. EAN Codes von z.B. eBay sollte man meiden. Man darf EAN Codes nur von GS1 erwerben und hat auch mit diesen die wenigsten Probleme. Aber auch ein von mir bei GS1 erworbener EAN Code war bei Amazon schon mit einem fremden Produkt belegt.
Da ein solcher Code nur einmalig vergeben werden kann, ist das sehr ärgerlich, besonders wenn man ein Paket mit nur wenigen EAN Codes besitzt.

Es sind unterschiedliche Pakete erwerbbar. 10 - 30 und über 1.000, die 10er Pakete welche man bis auf 30 erweitern kann, und zwar in 10er schritten, sind noch bezahlbar. Die großen Pakete sind recht teuer.

Wichtig ist das nicht nur für jeden Artikel, sondern auch für jede Variation ein EAN Code benötigt wird. Die 30er Grenze kann leicht überschritten werden, z.B. bei

T-Shirts in verschiedenen Farben. Auch hier ist ein eigener Online-Shop von Vorteil, wir brauchen dort nicht unbedingt EAN Codes.

Bei Amazon benötigen wir nicht zwangsweise einen EAN Code, doch wird es einem ohne nicht leicht gemacht, man muss den Artikel extra davon befreien lassen. Bei eBay ist es schon einfacher einen Artikel, ohne diesen Code zu verkaufen.

Bei 10er - 30er Paketen darf man seine Artikel auch nicht in die GS1-Datenbank eintragen, wodurch ein großer Vorteil verloren geht. Dies geht erst ab den 1.000 Paketen.

Da wir bei Amazon aber keine Downloads verkaufen dürfen, sondern nur physikalische Datenträger, müssen wir dort auch einen Barcode anbringen, dieser wird aus dem EAN Code erstellt.

Hierfür ist ein Labeldrucker zu empfehlen, damit wir diese günstig selber Drucken können. Ein Labeldrucker hat aber auch weitere Vorteile und kostet nicht viel. Adressetiketten, Briefmarken, usw.

Ich selbst habe mir den „Label Printer - Brother QL-700“ bei Amazon geleistet und kann diesen guten Gewissens weiterempfehlen.

Der Labeldrucker muss für Briefmarkendruck im PDF Reader eingerichtet werden, damit er dieses Format drucken kann. Hat man mit dem Labeldrucker etwas ausgedruckt, ist in vielen Anwendungen die Druckereinrichtung des Standartdruckers hinüber. Um dies in Ordnung zu bringen, ist es notwendig, eine korrekt eingerichtete Seite mit dem PDF Reader zu drucken. Am einfachsten legt man sich eine PDF-Datei mit dem Textinhalt „Druckereinstellung wiederherstellen“ an.

3. Besonderheiten

3.1 Rente

Ist man in Rente und hat das Rentenalter erreicht, darf man unbegrenzt hinzuverdienen. Hat man das Rentenalter allerdings nicht erreicht und ist beispielsweise in Frührente, darf man nur 6.300 Euro dazuverdienen. Die 6.300 Euro sind aber der Gewinn, verdient man 10.000 Euro und hat 4.000 Euro Ausgaben, hat man nur 6.000 Euro Gewinn und bleibt in der Rente, kommt man drüber, läuft man Gefahr, aus der Rente herauszufliegen. Doch nicht nur die regulären Ausgaben, sondern auch die

Steuer welche man bezahlen muss, kann man zu den Ausgaben rechnen. Das ergab ein Telefonat mit der Rentenversicherung.

3.2 Grundsicherung

Wird Grundsicherung bezogen, so werden die Ausgaben auf die Monate umgerechnet. Bei 1.200 Euro Ausgaben in einem Monat hat man so 100 Euro Ausgaben im Monat, die angerechnet werden.

Hat man mehr Einnahmen als die angerechneten 100 Euro, so wird bei dem Betrag darüber Grundsicherung von 70% abgezogen, so das man nur 30% Einnahmen hat.

Hat man mehr Einnahmen, als man Grundsicherung bezieht, so fliegt man aus der Grundsicherung heraus und muss sich für den nächsten Monat wieder für die Grundsicherung anmelden. Die dauert laut Telefonat mit meinem Sachbearbeiter ca. zwei Wochen.

Ist man in Frührente, kann und darf man drei Stunden Arbeitszeit am Tag nicht überschreiten, samt Vor- und Nachbearbeitung.

Ich hatte mal den Fehler gemacht und eine Zeitlang mehr gearbeitet, weil ich einfach Spaß daran hatte und fiel dann in einen Burn out, so das ich vier Monate fast nur noch im Bett lag und mich entspannen musste.

3.3 Harz 4

Wird Harz4 bezogen, so wird einem zu Monatsbeginn die Höhe eines Minijobs berechnet und erst bei Nachweis über die genauen Einnahmen, wird der Restbetrag welchen man von diesen beispielsweise 400 Euro, nicht erreicht hat, ausbezahlt.

Soweit mir bekannt, darf man wenn man arbeitslos bzw. arbeitsuchend gemeldet ist oder Harz4 bezieht nur 10 Stunden die Woche Arbeiten, wie es meist auch der Fall ist, wenn man noch eine hauptberufliche Tätigkeit hat.

3.4 Dispositionskredit

Banken und Sparkassen erweitern einen Dispositionskredit nur dann wenn Einnahmen aus der Selbstständigkeit fließen. Also sehr sparsam damit umgehen, denn die erste Zeit im Gewerbe wird man fast nur kosten Generieren und oftmals nicht wenig.

4. Rechtliches

Es ist zu empfehlen sich bei einer IT- Rechtskanzlei ein Paket für Rechtstexte zu buchen.

Online-Shop, Homepage, Amazon und eBay sollten mindestens abgedeckt sein. Man sollte hierbei darauf achten das die Rechtstexte automatisch aktualisiert werden, schon weil diese sich manchmal alle paar Wochen ändern.

Ein Online-Shop welcher das kann, ist beispielsweise Serverspot. Auf der eigenen Homepage wird man dies manuell ändern müssen. Amazon und eBay können mehr oder weniger über Billbee aktualisiert werden.

Ein solches Paket bei IT-Rechts Kanzlei München, bietet auch fairen Handel im Impressum an. Hiermit wird man von niemandem abgemahnt, welcher auch daran teilnimmt, zumindest nicht nach einer Vorwarnung. Doch von einem Anwalt abgemahnt zu werden, wenn die Rechtstexte von einer Kanzlei stammen ist unwahrscheinlich, denn Anwälte sind sehr kollegial zueinander. Diese Kanzlei bietet mit einem solchen Paket auch eine kostenlose Shopbewertung an, welches man im Online-Shop einbauen kann.

5. Empfohlene Software / Webseiten

Serverspot
http://www.serverspot.de/promotion/11016473_s2rxkVenkPo9kkW

Billbee
https://www.billbee.io/?acc=vhiqcyak

Lexware lexoffice
https://app.lexoffice.de/subscription/direct-purchase-select.html?pid=QWocfgFOI4&pdata=eUbj5NJhlD&ci

PixelX
https://clix.superclix.de/cgi-bin/tclix.cgi?id=StephanBaukrowitz&pp=12993&linknr=20562

SuperClix
https://clix.superclix.de/cgi-bin/tclix.cgi?id=StephanBaukrowitz&pp=1&linknr=5658

6. Selbstständigkeit

6.1 Software

Ich habe zur Zeit überwiegend Software für die Homepage programmiert und kann sagen, die Zielgruppe ist recht klein. In Zukunft werde ich auch noch Software für PC / Windows und Mac / OS X programmieren, für Linux dürfte es sich nicht rentieren und ist mit einem sehr hohen Aufwand verbunden.

Mit den Preisen habe ich etwas jongliert. Bei Amazon eine dynamische Preisanpassung, was aber nichts bewirkte.

Bei eBay habe ich mal sehr günstige Angebote gemacht und flog von den ersten Plätzen nach ganz weit unten, vermutlich dachte jeder, das die Programme bei den Preisen nichts taugen können. Dann setzte ich die Preise deutlich höher als normal und erlaubte Preisvorschläge, dann bekam ich wieder Klicks. Am besten fährt man aber mit den regulären Preisen, auch weil ich nicht weiß, ob Billbee mit dem Preisvorschlag richtig zusammenarbeitet und die Rechnungen richtig ausstellt. Ob Billbee mit Versteigerungen klarkommt, ist mir auch unbekannt.

6.2 Lizenzen

Eine gute Möglichkeit Geld zu verdienen sind Lizenzen für Großhändler und Entwickler. Ich biete Lizenzen für größere Stückzahlen an Händler für einen guten Preis an, so das diese auch etwas verdienen können. Auch biete ich für einige Programme Entwicklerlizenzen an, so das diese Programme von mir in die eigenen einbauen und vertreiben dürfen.

Großhändler haben auch den Vorteil, das diese es sich erlauben können, viele CD's Pressen zu lassen, ein gedrucktes Handbuch dazulegen und das ganze in einer Umverpackung anbieten können. Als einfacher Entwickler fehlen einem oft Geld und Platz dazu.

6.3 Homepage

Eine Homepage sollte jeder Gewerbebetreibender besitzen. Idealerweise eine private Homepage auf welcher Links zu den kommerziellen Webseiten vorhanden sind.

Für die private Homepage kann ich mein Webprogramm Newsmanager 2 Pro empfehlen sowie das Handbuch dazu.

6.4 Domains

Mit Domainhandel kann man auch gutes Geld verdienen, allerdings braucht man dazu einen langen Atem.

Damals als im Fernsehen die Werbung lief, das die Telekom eine AG gründet, hatte ich mir die Domain t-ag.de ergattert und schnell versteigern können.

Aktuell verkaufe ich folgende Domains:

- model-galerie.com
- modelgalerie.com
- exklusiv-news.de
- exklusiv-news.com
- exklusive-news.de
- exklusive-news.com

Auf eBay erzielten diese Domains innerhalb weniger Tage sehr viele Klicks, doch verkaufen konnte ich diese dort nicht. Weshalb ich die jetzt bei Sedo anbiete.

6.5 Webprojekte

Man kann auch ganze Webprojekte auf die Beine stellen und diese dann verkaufen. Hier lassen sich sehr hohe Summen erwirtschaften, allerdings ist das auch viel Arbeit.

Man könnte z.B. die Domains model-galerie.com und modelgalerie.com mit vorinstalliertem Modelmanager 2 Pro verkaufen.

Auf exklusiv-news.de, exklusiv-news.com, exklusive-news.de und exklusive-news.com könnte man den Newsmanager 2 Pro installieren und diese als Projekt verkaufen.

6.6 Anleitungen

Es ist sehr wichtig ausführliche Anleitungen für seine Programme zu erstellen, dies ist ein deutlicher Mehrwert und der Anwender blickt leichter durch.

Um nicht für jedes kleine Webtool z.B. die Installation neu erklären zu müssen habe ich eine Gesamtanleitung für meine Webprogramme und Webtools geschrieben und den Programmen als E-Book beigelegt.

Wer kein Programm gekauft hat, kann dieses Buch käuflich erwerben.

6.7 Bücher

Schreibe unbedingt Handbücher für deine komplexen Programme, am besten solange das Wissen darüber noch frisch ist. Diese lassen sich auch gut verkaufen und sind für Großhändler als Taschenbuch ein großer Mehrwert.

Wenn man Bücher schreibt, braucht man noch einen teuren Lektor und einen teueren Korrektor, dies kann man sich aber bei einem Gewerbebeginn oftmals nicht leisten. Daher empfehle ich eine gute Autorensoftware, auch wenn diese nicht billig ist. Ich verwende für meine Bücher Papyrus Autor 10 und bin damit sehr zufrieden.

Bücher kann man als sogenanntes Self-Publishing vermarkten. Diese Bücher werden nicht massenweise von einem Verlag gedruckt und an Büchereien ausgeliefert, sondern erst auf Bestellung gedruckt.

Amazon bietet dies an, ich werde auch meine meisten Bücher dort exklusiv anbieten, und zwar für Kindle und als Taschenbuch. Die Anleitungen kann ich dort nicht exklusiv anbieten, weil ich diese ja zu meinen Programmen dazulege.

6.8 Hörbücher

Amazon möchte irgendwann in der Zukunft die Möglichkeit anbieten, Bücher von professionellen Sprechern aufnehmen und verkaufen zu lassen. Diese werden an den Verkäufen automatisch beteiligt und kosten keine mehrere tausend Euro, wie es aktuell noch der Fall ist.

Fachbücher als Hörbuch ist nicht unbedingt sinnvoll aber wer weiß, was noch kommt. Hörbücher sind jedenfalls sehr beliebt.

6.9 Videos

Es ist nützlich, Videos für seine Webseiten und zu seinen Produkten zu haben.

6.10 Werbung

Werbung habe ich in verschiedenen Formen für einen jeweils kleinen Betrag ausprobiert und kann nur sagen, Werbung bringt nicht viel, ist aber teuer.

Wenn man unbedingt Werbung machen möchte, dann am besten YouTube Videos erstellen und diese bewerben. Das kostet relativ wenig und ist am effektivsten.

Aber auch eigene Webseiten mit guten Domainnamen als Werbung nutzen kann hilfreich sein. Dies mache ich aktuell mit meiner neuesten Seite Buch.rocks – Bücher die Rocken. Irgendwann werde ich dafür etwas programmieren damit jeder seine Bücher für ein kleines Entgelt dort vorstellen und über die Links verkaufen kann.

6.11 Breite Aufstellung

Die beste und günstigste Werbung, ist es sich breit aufzustellen.

Ich habe z.B. Webprogramme und Webtools im Angebot und erweiter für Windows und Mac. Dazu schreibe ich Bücher und nicht nur Fachbücher, demnächst will ich mich an einen Roman wagen. Ich habe eine ganze Reihe Webseiten:

- Baukrowitz.de
- SB-Pro-Software.de
- Model-Galerie.de
- Buch.rocks

Ich verkaufe Domains und biete dazu Software an, mit der sich daraus Webprojekte erstellen lassen.

Auch biete ich in meinem Online-Shop, selbst programmierte Freeware an und einen Mehrwert zu bieten.

Ich habe mich im Musikmachen ausprobiert, doch da habe ich versagt, und zwar regelrecht.

Ich wollte Models fotografieren, was ich aber wieder aufgegeben habe, dadurch entstand aber das Webtool Modelmanager, welches ich zuerst erfolgreich zum kostenlosen Download anbot und jetzt in der ausgereiften Version 2 verkaufe.

Auch der Newsmanager ist durch Eigenbedarf entstanden, mir reichte das vorhandene Angebot einfach nicht aus.

7. Bibliotheken / Pflichtabgabe

Wer Bücher oder Hörbücher herstellt oder herstellen lässt, muss Pflichtangaben an zwei Bibliotheken machen. An die Deutsche Nationalbibliothek müssen alle E-Books, Taschenbücher und Hörbücher abgegeben werden sowie an die Landesbibliothek.

Bei Taschenbüchern müssen zwei Ausgaben an die Deutsche Nationalbibliothek und je nach Bundesland 1-2 an die Landesbibliothek, wobei sich einige Landesbibliotheken mit dem E-Book zufriedengeben.

Nach jeder noch so kleinsten Änderung muss die Pflichtabgabe erneut durchgeführt werden.

7.1 Deutsche Nationalbibliothek

7.1.1 E-Book

https://www.dnb.de

7.1.2 Print Ausgabe

Je nach Wohnort (Berlin, Brandenburg, Mecklenburg-Vorpommern, Nordrhein-Westfalen, Sachsen, Sachsen-Anhalt, Thüringen) zwei Taschenbuch-Exemplare an die:

Deutsche Nationalbibliothek
Deutscher Platz 1
04103 Leipzig

Oder (Wohnort in Baden-Württemberg, Bayern, Bremen, Hamburg, Hessen, Niedersachsen, Rheinland-Pfalz, Saarland, Schleswig-Holstein) an die:

Deutsche Nationalbibliothek
Adickesallee 1

60322 Frankfurt am Main

7.2 Landesbibliothek

7.2.1 E-Book

Baden-Württemberg
https://www.blb-karlsruhe.de

Bayern
https://www.bsb-muenchen.de

Berlin
https://www.zlb.de

Brandenburg
https://www.bibliothek.potsdam.de

Bremen
https://www.suub.uni-bremen.de

Hamburg
https://www.sub.uni-hamburg.de

Hessen
https://epflicht-hessen.hebis.de/hlbrm

Mecklenburg-Vorpommern
https://www.kulturwerte-mv.de/Landesbibliothek/

Niedersachsen
https://www.gwlb.de

Nordrhein-Westfalen
https://www.ulb.uni-bonn.de

Rheinland-Pfalz
https://www.mainz.de/kultur-und-wissenschaft/bibliotheken-und-archive/bibliotheken-archive.php

Saarland

https://www.sulb.uni-saarland.de

Sachsen
https://www.slub-dresden.de

Sachsen-Anhalt
https://bibliothek.uni-halle.de

Schleswig-Holstein
https://www.ub.uni-kiel.de

Thüringen
https://www.thulb.uni-jena.de

7.2.2 Print Ausgabe

Baden-Württemberg
Zuständiger DNB Standort: Frankfurt am Main

Pflichtexemplargesetz Baden-Württemberg: Abhängig vom Regierungsbezirk der Veröffentlichung sind, zwei Exemplare an die badische Landesbibliothek in Karlsruhe oder die württembergische Landesbibliothek in Stuttgart abzuliefern. Das Exemplar für die jeweils andere Bibliothek wird dann weitergeleitet.
Quelle: https://de.wikipedia.org/wiki/Pflichtexemplar

Bayern
Zuständiger DNB Standort: Frankfurt am Main

Zwei Exemplare sind gemäß dem Pflichtstückegesetz Bayern an die bayerische Staatsbibliothek in München abzuliefern. Ein Exemplar verbleibt bei der bayerischen Staatsbibliothek. Das zweite Exemplar wird an die jeweils zuständige Sammelbibliothek weitergeleitet.
Quelle: https://de.wikipedia.org/wiki/Pflichtexemplar

Berlin
Zuständiger DNB Standort: Leipzig

Ein Exemplar muss an die Zentral- und Landesbibliothek Berlin abgegeben werden.
Quelle: https://de.wikipedia.org/wiki/Pflichtexemplar

Brandenburg
Zuständiger DNB Standort: Leipzig

Ein Exemplar eines jeden in Brandenburg verlegten Druckwerks ist an die Stadt- und Landesbibliothek Potsdam abzuliefern.
Quelle: https://de.wikipedia.org/wiki/Pflichtexemplar

Bremen
Zuständiger DNB Standort: Frankfurt am Main

Ein Exemplar ist an die Staats- und Universitätsbibliothek Bremen abzuliefern.
Quelle: https://de.wikipedia.org/wiki/Pflichtexemplar

Hamburg
Zuständiger DNB Standort: Frankfurt am Main

Ein Exemplar ist an die Staats- und Universitätsbibliothek Hamburg abzuliefern.
Quelle: https://de.wikipedia.org/wiki/Pflichtexemplar

Hessen
Zuständiger DNB Standort: Frankfurt am Main

Die Verordnung über die Pflichtablieferung von Medienwerken (vom 14. September 2017) gilt sinngemäß. Empfänger eines Pflichtexemplars ist, je nach Verlagsort, die Universitäts- und Landesbibliothek Darmstadt (Bezeichnung vor dem 24. Februar 2004: hessische Landes- und Hochschulbibliothek), die Universitätsbibliothek Johann Christian Senckenberg in Frankfurt am Main (vor 2005: Stadt- und Universitätsbibliothek), die Hochschul- und Landesbibliothek Fulda (vor 2001: Hessische Landesbibliothek Fulda), die Universitätsbibliothek Kassel – Landesbibliothek und Murhardsche Bibliothek der Stadt Kassel, oder die Hochschul- und Landesbibliothek RheinMain in Wiesbaden.
Quelle: https://de.wikipedia.org/wiki/Pflichtexemplar

Standort Wiesbaden
Rheinstraße 55-57
65185 Wiesbaden

Standort Kassel

Heinrich-Plett-Str. 40
34132 Kassel

Mecklenburg-Vorpommern
Zuständiger DNB Standort: Leipzig

Ein Exemplar ist an die Landesbibliothek Mecklenburg-Vorpommern abzuliefern.
Quelle: https://de.wikipedia.org/wiki/Pflichtexemplar

Niedersachsen
Zuständiger DNB Standort: Frankfurt am Main

Gemäß §§ 7 und 12 des niedersächsischen Pressegesetzes ist ein Exemplar jedes in Niedersachsen erscheinenden Druckwerks an die Gottfried-Wilhelm-Leibniz-Bibliothek – niedersächsische Landesbibliothek in Hannover abzuliefern.
Quelle: https://de.wikipedia.org/wiki/Pflichtexemplar

Nordrhein-Westfalen
Zuständiger DNB Standort: Leipzig

Gemäß § 2 des Gesetzes über die Ablieferung von Pflichtexemplaren sind folgende Bibliotheken zuständig: für den Regierungsbezirk Köln die Universitäts- und Landesbibliothek Bonn, für den Regierungsbezirk Düsseldorf die Universitäts- und Landesbibliothek Düsseldorf sowie für die Regierungsbezirke Arnsberg, Detmold und Münster die Universitäts- und Landesbibliothek Münster.
Quelle: https://de.wikipedia.org/wiki/Pflichtexemplar

Rheinland-Pfalz
Zuständiger DNB Standort: Frankfurt am Main

Gemäß Landesverordnung zur Durchführung des § 3 des Landesbibliotheksgesetzes (vom 24. Mai 2017)[27] ist je nach Erscheinungsort die Pflichtbibliothek für ein Pflichtexemplar die Stadtbibliothek Mainz, das Landesbibliothekszentrum/Pfälzische Landesbibliothek in Speyer, das Landesbibliothekszentrum/Rheinische Landesbibliothek in Koblenz oder die Stadtbibliothek Trier. Mit Inkrafttreten des Landesbibliotheksgesetzes (vom 3. Dezember 2014)[28] sind auch Medienwerke in unkörperlicher Form ablieferungspflichtig: Je nach Erscheinungsort ist das Landesbibliothekszentrum/pfälzische Landesbibliothek in Speyer oder das Landesbibliothekszentrum/rheinische Landesbibliothek in Koblenz empfangsberechtigt.

Quelle: https://de.wikipedia.org/wiki/Pflichtexemplar

Saarland
Zuständiger DNB Standort: Frankfurt am Main

Gemäß § 14 des saarländischen Mediengesetzes (SMG) vom 27. Februar 2002 (ABl. Saarland S. 498; Lansky/Kesper Nr. 582) in der Fassung der Änderung vom 1. Dezember 2015 (ABl. Saarland I S. 913) besteht eine Ablieferungspflicht an die saarländische Universitäts- und Landesbibliothek.
Quelle: https://de.wikipedia.org/wiki/Pflichtexemplar

Sachsen
Zuständiger DNB Standort: Leipzig

Nach § 11 des sächsischen Gesetzes über die Presse (vom 3. April 1992) ist ein Exemplar eines jeden in Sachsen verlegten Druckwerks binnen vier Wochen an die sächsische Landes- und Universitätsbibliothek Dresden abzuliefern.
Quelle: https://de.wikipedia.org/wiki/Pflichtexemplar

Sachsen-Anhalt
Zuständiger DNB Standort: Leipzig

Nach § 11 des Pressegesetzes für das Land Sachsen-Anhalt (Landespressegesetz) vom 26. April 2010 ist ein Exemplar an die Universitäts- und Landesbibliothek Sachsen-Anhalt in Halle (Saale) abzuliefern.
Quelle: https://de.wikipedia.org/wiki/Pflichtexemplar

Schleswig-Holstein
Zuständiger DNB Standort: Frankfurt am Main

Gemäß § 9 des Gesetzes für die Bibliotheken in Schleswig-Holstein ist je ein Exemplar der Universitätsbibliothek Kiel, der schleswig-holsteinischen Landesbibliothek in Kiel und der Stadtbibliothek in Lübeck anzubieten und auf Verlangen abzuliefern.
Quelle: https://de.wikipedia.org/wiki/Pflichtexemplar

Thüringen
Zuständiger DNB Standort: Leipzig

Ein Exemplar eines jeden in Thüringen verlegten Druckwerks ist an die Thüringer Universitäts- und Landesbibliothek in Jena abzuliefern.
Quelle: https://de.wikipedia.org/wiki/Pflichtexemplar

8. Links

Elster
https://www.elster.de

Bundeszentralamt für Steuern
https://www.bzst.de

Online Antrag Umsatzsteuer-Identifikationsnummer
https://www.formulare-bfinv.de/ffw/form/display.do?%24context=98C0B218F61E295BE7B7

22f Antrag
https://www.bundesfinanzministerium.de/Content/DE/Downloads/BMF_Schreiben/Steuerarten/
Umsatzsteuer/2018-12-17-einfuehrung-vordruckmuster-USt-1-TJ-und-
USt-1-TI.pdf;jsessionid=E7D48B61F9228583E280A8AE3FF1D763?__blob=publicationFile&v=1

Umsatzsteuer-Identifikationsnummer Prüfen
https://ust-id-pruefen.de

FreePDF
https://freepdfxp.de

Sedo
https://sedo.com/de/

Amazon
https://www.amazon.de

Amazon Business
https://www.amazon.de/business/

Amazon Seller Central
https://sellercentral.amazon.de

Kindle Direct Publishing

https://kdp.amazon.com/de_DE/

Amazon Author Central
https://authorcentral.amazon.de

Amazon Partner Net
https://partnernet.amazon.de

Amazon Pay
https://pay.amazon.de

EBay
https://www.ebay.de

GS1
https://www.gs1-germany.de

EAN Code Validieren
https://www.pruefziffer.de/eantest.php4

Online-Shop Serverspot
https://www.serverspot.de

Billbee
https://www.billbee.io

Dropbox
https://www.dropbox.com

IT Rechts Kanzlei München
https://www.it-recht-kanzlei.de

Newsmanager 2 Pro
https://www.sb-pro-software.de/4914/newsmanager_2_pro

Modelmanager 2 Pro
https://www.sb-pro-software.de/4916/modelmanager_2_pro

Handbuch zum News- und Modelmanager 2

https://www.amazon.de/-/e/B087NL2T57

Papyrus Autor
https://www.papyrus.de

9. Gutscheincode

Als Dank für das Lesen dieses Buches „Selbständigkeit - Die Anfänge", schenke ich Euch einen Gutscheincode für meinen Online-Shop „SB Pro Software" im Wert von 5 Euro.

1000 Mal einlösbar, nur gültig für den „Newsmanager 2 Pro".

Gütig bis zum 31.12.2025

https://www.SB-Pro-Software.de

Gutscheincode: Buch-SdASiE-1000

Es gibt für die Gutscheincodes keinen Mindestbestellwert, Restguthaben verfällt.

10. Schlusswort

Ich wünsche Euch viel Spaß und Erfolg mit dem Umsetzen der Tipps aus diesem Buch.

Bitte bewertet dieses Buch und hinterlasst Feedback dazu.

Stephan Baukrowitz

Printed in Poland
by Amazon Fulfillment
Poland Sp. z o.o., Wrocław

58552430R00018